이 윤 경

눈부신 고독

애지시선 070

눈부신 고독

2017년 7월 31일 초판 1쇄 발행

지은이 이윤경
펴낸이 윤영진
편 집 함순례
홍 보 한천규
펴낸곳 도서출판 애지
등록 제 2005-5호
주소 34623 대전광역시 동구 대전로 867번길 46
전화 042 637 9942
팩스 042 635 9941
전자우편 ejiweb@hanmail.net

ISBN 978-89-92219-69-3 03810

애지시선 070

눈부신 고독

이윤경 시집

□ 시인의 말

내 삶 중심에

다소곳이 있어준

詩의 덕으로 나의 고독은 눈부셨다

2017년 여름

이윤경

차례

제2부

제3부

제4부

제1부

분홍빛

상처에 앉은
검은 딱지를 뜯어내고 나니
분홍이 돋았다

시들어가는 꽃을 보고도
슬프지 않은 후부터
내게서 사라졌던
분홍빛

열세 살 여자아이가
날마다 봉긋봉긋 솟아오르는
젖가슴을 만져보며 설레는 빛

그 여리고 어여쁜 분홍
화종花種이 되어
다시 몸속에 드셨으니
참 다행이다

오래된 사과밭

풋사과들이 땅바닥에 떨어져 있네
숨소리도 없이
제 가지를 바라보고 있네
햇살이 아무리 따사로워도
더 이상 익어갈 수 없는 풋사과들
누가 먹으려 하지도
가져가지도 않는다는 것을 알고
흙투성이 몸을 부끄러워하지도 않네
그러나 나는 왜 이리 하염없이 보고 있을까
내가 들을 수 없는 소리가
먼 뿌리 쪽에서 비어져 나오고
슬픈 사과의 울음소리가
잔가지 끝에서 내려오면
푸른 살점이 삭혀질 것인가
속수무책 시꺼멓게 썩어갈 풋사과들에게
나는 마음 몇 알 던지면서
자꾸 서성거리고 있네

아주 오래전 그와
저 풋사과처럼 주저앉아
막연히 가지들을 바라보던
사과나무 아래서

눈부신 고독

밤이면
아름드리 몸통의 늙은 나무가
몸이 아파 울었다

검은 고요 삼키면 삼킬수록
가지마다 푸른 아픔이 구름 떼처럼 매달렸다
하얀 초승달이 엉클어진 머리칼을
곱게 빗어 다독여도
그 울음 재우지 못했다

바람 잦은 모래 언덕에 홀로 서서
모래알보다 많은 날
견딜 수 없는 외로움을 견딘 만큼
서러움의 그늘은 넓어지고 무거워졌다

하룻밤이라도
누가 저 지독한 아픔을

포근히 안아 잠재울 수 있는가

먼동이 트면
휘어진 등뼈에 굵은 줄기 하나 세우려고
숨소리 가빠지는
노송 한 그루

환절기

나 집 앞에 와 있어

심장 두근 얼굴 활활 달아오른 가을이
옛 애인을 만나러 나간 사이
열린 문을 찾아 헤매던 겨울이 슬쩍 들어가
문을 잠그고 빗장을 건다

바람 거세고 빗줄기가 굵어지고 있다
오재미를 맞고 커다란 풍선에서 터져 내린 오색 가루처럼
천지사방 나뭇잎들이 쏟아진다

얼굴 한번 보고 싶어 왔어
……
그때 그대로 곱네
……
잘 살고 있지?

숨 막히도록 가슴 벅찬 가을은 대답을 못하고
젖은 머리칼만 쓸어내리는데
갑자기 빗방울이 눈발 되어 날린다
저녁이 오고 눈은 퍼붓고 옛 애인도 돌아가고
들어갈 문이 없어진 가을은
가로등 없는 거리에서 질척질척 울고 있다

그 사이, 겨울은
리어카 위에 군밤을 구워놓고
쇼윈도우 마네킹에게 헝가리산 구스다운을 입히고 있다

공양

빈 몸들입니다

더 이상 비워낼 것이 없는

옆구리에 품고 있던 토실토실한 생의 자루

뚝 뚝 분질러 내주고 바람 앞에 경문을 외우고 있습니다

피 한 방울의 흔적도 보이지 않는 깡마른 뼈대들

서로 부대끼고 비벼가며 부스러지는 꺼풀들

서걱서걱서걱서걱서걱서걱서걱서걱서걱서걱서걱서걱

저 마른 뼈대들의 성스러운 몸짓을 따라할 수 있다면

지상에서 하루하루 피 흘린 날이 저렇게 누렇도록 순해

져서

상처로 패인 기억의 살점들마저 부서지고 부서지면서

삭아가는 몸까지 공양으로 바칠 수 있습니까

비워낼 것이 없는 소리조차 공손한

늦가을, 옥수수 밭

고구마

어둡고 칙칙한 구석방, 포대자루에 들어앉아 골골거리며 시들시들해지면서, 봄이면 볕으로 나가야 한다는 책무가 있어 그들의 각오는 비장했지요

비뇨기과 상담해 본 적 없는 튼실한 가문으로, 거친 들판 두려움 없이 해와 달을 돌려가며, 온갖 벌레들의 공략에도 번식을 위해 불끈불끈 줄기차게 살았지요

호박이라 황금이라 밤이라 이름이 불려지기도 하지만, 본성이 순박해 세상을 비관하거나 실연한 적 없이, 부들부들한 흙을 부비고 들이밀며 시간의 속력을 늦추지 않았지요

그리고 먹히면 먹힐수록 더 많은 생산을 꿈꾸며 방탕한 생활을 하거나 음흉한 죄를 지은 적 없으니, 가난한 자들에게는 양식이 되고 치장을 하지 않아도 화려한 식탁에 오를 수도 있었지요

그래서 그들의 몸은 달콤하지요

바닥의 말

화분을 옮기려다 놓쳤다
산산이 부서져버렸다

화분은 뿌리를 가둔 지옥
뿌리의 고통이 허옇게 드러났다
뒤엉키고 뭉친 뿌리들이 파닥거린다

미안하다
너를 너무 오래 가두고
무성한 잎과 화려한 꽃만 재촉하며 살았구나

탁, 쿵, 쾅
바닥이 바닥을 안으며 들려주는 말
더 이상 가두지 말아달라고
소리치는 말,
놓친 것들의 뼈아픈 비명으로 듣는다

쿵쿵거리는 내 발걸음 소리도
바닥의 무슨 말인가
가만히
귀 기울여보는 저녁

어머니의 거름

하얀 좌변기는
맑은 물을 반쯤 물고
아가리를 다물지 않는다

큰 독을 땅에 묻고
송판 두 장 올려놓은 뒷간에서
칠십 년 볼일을 보신 어머니가
제 것 삼 년 안 먹으면 못 산다 하시며
사기 단지로 모셔둔 좌변기에 올라앉아
볼일을 보시기까지는 몇 년이 걸렸다

구덩이마다 서너 바가지씩 들이붓고
씨를 심어야 반들반들한 것들이 주렁주렁 달린다고
이웃 마실 가셨다가 달려오시고
들판에서도 곡식 옆이 아니면 볼일을 보지 않으셨다

어릴 적 봄이면 온 동네 집집마다

뒷간에 차오른 거름이 나가는 냄새로
아무리 환장하게 핀 살구꽃 복사꽃 향기도 맥을 못 췄다

어머니가 하얀 좌변기에 거름을 버리시고
담장 밑 호박꽃 오이꽃이 사라지고
해마다 어머니는 자주 병원에 입원하셨다

약

안 아픈 곳이 없다,
갈 곳은 딱 한 곳인데

노란색 링거 줄에 매달려
갈잎처럼 가벼워진 어머니는
눈가도 젖지 않은 채 말하신다

어디가 많이 아프세요?
온 뼛속부터 살가죽까지 다 아퍼

더 이상 어떤 치료가 되지 않는다는
의사의 진단을 모르시고
한 숟가락의 밥으로 버티시며
진통제 시도 때도 없이 삼키시는
여든아홉의 어머니

병실 밖

잔잔히 흩날리던 눈발들이
내게로 달려 들어와 소리 없이 녹아내린다

그리 오래지 않아
내 눈에선 펑펑 폭설이 녹아내릴 것이다

속수무책 한나절

아무리 둘러봐도 스님은 부재중이시다
법당 문 살며시 열어보니
작은 부처 한분 오롯이 앉았다가
반색을 하신다
부처는 그냥 놀다 가라고 한쪽 손을 들고
내려놓지 않으신다

일행들은 산을 오르고
나는 마루에 걸터앉아
붓고 시큰거리는 발목 주무르는데

새를 불러들인 나무들은
끼리끼리 희희낙락하고
쏜살같이 마당을 가로질러가는 다람쥐는
제 짝 만나러 가는 중이고
뜨거운 나리꽃 두 송이는
벌 한 마리 서로 부르며 안달하고

바람도 어깨를 툭 툭 치고

부처는 뭐하고 계실까
어느새 법당 안 부처도
형체만 벗어두시고 출타하셨다

속수무책 한나절
텅 빈 절을 혼자 지켰다

서랍 속에 침묵

서랍을 열고 묵혀둔 옷을
꺼내 입었다
햇살 앞에 서니 빛깔은 칙칙하고
바람 불어도 나부끼지 않는다

나를 기다린 쓸쓸함
몇 년 접히고 접힌 채 마음까지 어두워져
지나치는 새들의 눈빛조차 받지 못한다

유행은 강물처럼 눈부시게 흘러갔지만
침묵으로 누추해진 한 시절
서랍을 나와
방을 나와
집 밖으로 나오는 그 길이
너무 생소한 길이 되어버렸나

오늘 나는 그 오랜 침묵을 털어버리려

버스 타고 기차 타고 멀리 간다

혹여 누군가 눈치 채고
저런 걸 입고 여기까지 왔네,
조롱의 말이 들려와도 절대 주저하지 않고
당당하게 침묵을 소개하자

한때 땀에 찌들어가며
나를 이끌어온 자랑스러운
복고 스타일

바람의 상처

바람에게도 상처가 있다

그 깊은 상처는
오직 소리로만 들릴 뿐이다

과욕의 속도로 치닫는 生들이
바람의 상처를 만들고 덧나게 한다
바람이 오는 쪽으로 가려면 고개를 숙이고
바람을 등지고 가려면 허리를 굽혀야 한다
맞서 휘날리고 나부끼는 것은
바람에게는 화살이 되고 칼끝이 된다

찔리고 베여도 피 한 방울 보이지 않고
눈물 한 방울 보이지 않으며
상처가 상처를 매만지고
서로 달래며 가는 바람에게
세상의 生들이

늘 거세고 날카롭게 맞서고 있다

밖에서 들려오는
우 우 우 바람의 상처 소리
나는 내 안의 숲을 나직이 눕힌다

오해

가방을 샀다

소의 등짝이기도 옆구리 같기도 한 것을, 아직 가죽의 질감이 생생하게 만져지는 것을, 작지는 않을까 구겨 넣을 수많은 것들을 생각하고 무겁지 않을까 다시 어깨에 걸어본다 새로 짊어지게 될 가방에 낡은 가방의 짐을 옮겨 넣는다

순간, 이토록 가방이 내 가죽으로 힘들게 살았나!

무거운 짐을 챙기다가 처절하게 쭈글쭈글해진 가죽, 제 영혼을 찾아갈 수도 없는 또 한 마리의 가죽을 버리면서, 그래도 그것은 절대 아니라고 해야 한다 내가 이것들로 인해 힘겹게 살았다고 빡빡 우기며 분명히 내가 짊어질 가방을

가방을 샀다고 해야 한다

제2부

적막 속에 소란

홍명희 문학제 이야기 낭독회에 초대된 소설가 조정래 선생님, 강원도 월정사에 집필실을 차린 것은 적막해야 글을 쓰실 수 있으신 거냐는 질문에 소란 속에 적막이 있고 적막 속에 소란이 있다 글을 집중해서 쓰는 동안은 위층의 아이들 콩콩거리는 발자국 소음도 새소리로 들린다는 말씀으로 답을 주신다 내 주변의 소음과 부산함을 탓하며 소란 속에서 적막을 만나지 못하는 나는 창작자로 자질이 없는가 깊은 밤 일어나 적막 속에서 소란해하고 있다 삼라만상을 내 안으로 스며들게 하고 아니 내가 스며들어 온전한 소리로 소통이 될 때야만 소란 속에서도 적막을 만나게 된다는 것인가 나는 적막 속에서 적막을 만나지 못하고 자꾸 소란하다

팔월

나무들은 안간힘을 쓰고 있다

서로 껴안고 길을 가던 덤불들은

만삭의 배를 움켜잡고 있다

달궈진 창끝으로 내려 쏟아진 햇살

허투루 지나간 흔적 없고

헐거웠던 바람마저 팽팽하다

더 이상 채워질 것 없고

덜어낼 수 없는 절정의 극채색

뽑히고 뜯기고 다시 돋아 오른

질긴 시간들이 장대한 경전을 이루었다

오! 지상에서 가장 지극한

푸른 제단이여

틀

틀 속에서 벗어난다 해도
그것도 틀이다

길을 잃고 허우적거릴 때
길가에 선 나무들의 수천 개 눈빛이 틀이고
아득한 벼랑 위에서 끝이라고 할 때
바위틈 작게 핀 나리꽃 맑은 웃음이
큰 허공을 받치는 틀이고
미치도록 사랑한 열정도 시간의 틀에서
꽃 피우고 지우는 일이다
몇 백 년 묵은 오동나무가 장롱으로 윤회하여도
누군가의 방 속에서
또 다른 틀이 되어 천천히 묵어가듯
어디든 틀이고 틀 속이다
틀은 벗어날 수 있는 것이 아니라
틀 속으로, 더 깊이 들어가
또 다른 틀이 되는 것이다

오늘은, 나의 중심 언저리
꽃 한 송이 힘겹게 피려 한다

한 평

아파트 출입구 담장 밑
한 평, 그곳은
해마다 칸나의 식구들이 빌린 터지요
줄을 서서 공손하게 살아야만
세를 면제한다고 계약을 했지요

그래서 칸나의 온 식구들은
넓고 부드러운 손을 흔들어가며
울고 가는 아이 울음을 그치게 했고
지팡이 짚고 가는 노인을 불러 앉히고
푸른 손 쥐가 나도록 어깨를 주물렀지요

부부 싸움하고 집 나가는 남자 발길질에
어린 딸 허리가 부러졌어도 말 한마디 못하고
빨간 입술 찢어지도록 웃어야 했지요
하루하루 고달프고 서러워도
아주 공손히 살아야 했지요

그래도 칸나의 식구들 또 오려나
흰 눈 소복이 쌓인
그 작은 한 평에
신발 한 짝, 도장으로 얹어있네요

기다리는 가방들

아우슈비츠 수용소에서 보았던
이름이 새겨진 수만 개의 가방들
비참한 목숨을 기다렸던 가방들

그 가방의 후예들인 가방들이
바겐세일 줄을 세우고
장터 돌며 푸성귀를 가득 담고
땀에 찌든 수건과 장갑을 담고
세상 어디서나 붐비고 있다

잘난가방거만한가방예쁜가방못난가방가난한가방슬픈가방아픈가방존경스러운가방더러운가방힘센가방비열한가방착한가방서러운가방

끈질기도록 담고 비우며
가방들은 웃고
가방들은 울고

가방들은 배가 터지고
가방들은 도망을 가고
가방들은 피를 흘리고
가방들은 버림을 받고
가방들은 노숙을 하고
가방들은 굶어 죽어간다
그러고도 가방들은
돌아올 수 없는 목숨마저 기다린다

푸른 점 하나

나는 갑오년 양력 오월 생이다
어릴 때부터 녹색을 유난히 좋아했고
싱그러운 들녘 그림을 많이 그렸다
들판을 보면 한없이 내달리고 싶어졌고
그 어디서 휘파람 소리가 들리면
누군가 나를 부르는 소리로 들었다

가끔 꿈속에서
드넓은 요동 벌판 같은 곳을 내달리고
빗발치는 화살을 피하다가
피 흘리며 땅에 떨어진 전사들의 몸을 보고
몸서리치기도 했다

나는 하루 종일 여기저기 휘돌아다니며
햇빛 바람 나무 꽃 돌 풀들을 만나고
새소리 물소리를 많이 듣고 온 날은
푸근히 깊은 잠을 잤다

아마도

등에 있는 푸른 점 하나는

어느 전생 청마青馬의 흔적일 것이다

아 모과를 읽었네!

나는 또 염치없는 갈까마귀처럼 살았구나

가을을 배웅한 너는
무미건조한 내 방에 와서
검은 비닐 복면을 벗고
생소한 동거에도 전혀 어색하지 않게
향을 내주며 색을 버리고 있었구나

하루하루 속절없이 썩어가며
간절히 바라는 소원이 있었겠지
마지막으로 부탁하고 싶은 말도 있었겠지
오늘 반쪽 성한 네 몸이
향으로 내미는 말 가만히 받아 적는다

눈부신 봄볕 아래서
혹여 눈 밝은 이가 내 시를 읽기 전
네 말을 먼저 읽고

아 모과를 읽었네!
이런 기막힌 말 한마디 듣게 될 수 있을까

그러면
나는 봄날 마구 피는 개나리 앞에서
네 살빛 그리며 그냥 환하게 웃게 될까

겨울포도밭을 지나며

아직도, 빛살을 들고 있네

달콤함 쪽쪽 빨린 쭈글쭈글한 젖가슴에 실없는 바람이 파고드는데
희미한 기억이 발목 안쪽으로 구부러지며 야윈 그림자를 움켜잡는데

느닷없이 들이닥치는 거친 바람결에
후드둑후드둑 마른 뼈마디가 내는 소리

얘들아
얘들아

저물녘 밥상을 차려놓고 골목어귀에 서서 온 동네가 쩌렁쩌렁하도록 부르던 소리 멀고 먼 길을 돌고 돌아와 겨울 한복판 포도나무 마른 가지마다 매달려 터지는 그때 그 소리,

네

어머니

따스한 빛살이

내 언 몸을

오래오래 쓰다듬고 있네

엄마의 기다림

엄마의 자궁 안으로 들어오기까지 엄마가 나를 얼마나 기다렸는지는 몰라요 내 머리와 심장이 생길 때쯤 나를 기다리는 엄마가 있다는 것을 알았지요 내가 조금씩 자라는 것을 즐겁게 기다리는 엄마, 기다림은 엄마의 행복이었나 봐요 그래서 내가 처음 배운 말도 엄마, 엄마는 어디서나 나를 기다렸지요 울면 그치길 기다리고 병이 나면 낫기를 기다리고 밖에 나가 놀면 밥을 차려놓고 기다리고 저녁이면 학교에서 돌아오길 기다리고 밤새워 숙제하는 나를 바느질하면서 기다리고 좋은 직업 갖기를 기다리고 좋은 짝 찾기를 기다리고 결혼해서 엄마 곁을 떠나면 더 이상 기다릴 것이 없겠네 엄마는 늘 말했지요 그러나 엄마의 기다림은 끝나지 않았어요 아들딸 낳고 잘 키우길 기다리고 돈 잘 벌고 살 때를 기다리고 엄마의 기다림은 지치지 않았어요 언제 오느냐 묻고 묻고 기다리다 달이 가고 해가 가고 온 생이 기다림이었어요 마지막 눈을 감을 때도 자식의 무언가를 기다릴 엄마 그래서 엄마를 생각하며 엄마—엄마—하고 혼자서 가만히 불러보면 뼛속

깊은 곳에서 뜨거운 눈물이 나와요 엄마의 기다림이 여물게 한 눈물이라서 끝없이 나와요

떠나는 풍경

허공이 흔들린다

서로 다른 가랑잎 우르르 허공 속에서 소용돌이를 친다
할 말을 잃고 토막 신음을 뱉으며
한 줌 흙무덤 속으로 들어가기 위해 끝없는 고행을 한다

구름이 몰려오고 빗방울이 떨어진다
나무벤치에 빈병처럼 앉아있던 노인이 등을 구부리고 어디로 간다

그 느린 걸음을 다그치지 않으며
빗방울들 조용히 따르고
바람은 노인의 얇은 목도리를 만장으로 날린다

모두가 간다
가랑잎, 구름, 빗방울, 바람, 노인, 올 것이 다 왔다가

갈 것이 다 가고 있다

어딘가 가야 할 내 몸도 창가에서 멀어지고
허공 속으로 가는 새들도 가물가물하다

여기저기 쓸쓸함을 챙겨 지고
한 풍경이 적멸한다

잡초

어찌 이리 독한 것들을
끝도 없이 토하십니까
뽑아도 뽑아도 무성해지는 것들과
뙤약볕 아래 지겹도록 싸워야만
가을이 있다는 것을
왜 이리 힘들게 가르치고 계십니까

내 안 뽑아내지 못해 소란한 것들
더 이상 뽑아내서 뽑아낼 수 없는 것까지
뽑아내야 맑은 한 행을 키울 수 있는데
나는 끝도 없이 싸우기만 합니다

언제쯤에야
한 편 한 편 푸른 열매가 맺히고
그윽한 가을빛으로 익혀서
완성을 이루게 됩니까
얼마나 더 뽑아내야 합니까

제3부

달맞이꽃

추어라 춤추어라
달빛 휘감아 한들한들 추어라
달의 여자 달맞이꽃아!
닫힌 몸을 열어 환하게 뜨거워지는 일
어찌 부끄러운 일이냐 죄짓는 일이냐
서로 닿지 못하는 그리움의 응어리
어두운 뜰에다 시린 눈물로 녹여내지 말고
오늘 하룻밤은 달아올라 달아올라 타오르는 불꽃이 되어라
이생에서 마지막 몸짓이 될지라도
노란빛 사무치도록

그곳에 두고 온 꽃

꽃 한 송이 그곳에 두고 왔다

시들기 전에 찾아 가야지
가봐야지 하다가
너무 많은 날이 가버렸다

천천히 시들어가며 나를 기다렸을
그 꽃,
마른 몸에 간신히 남아있는 붉은 빛
차마 떨구지 못하고 있을 테지

이미 너무 늦었다는 것을 알지만
혹여 내가 찾아간다면
이생에선 내 말을 들을 수 없다 해다오
네가 시드는 시간 속에 가지 못한 나를 외면해다오

그러면 내가 돌아서 오는 길

오래전 너와 듣던 푸른 종소리 울리면
너를 위한 기도의 눈물이
두 볼 시리도록 흐르지는 않을 테지

가을과 겨울 그 사이

뼛속까지 흘러드는 바람

새들도 시린 맨발로 떠나고 있네

아슬아슬 매달려 파르르 떨며

빈 몸을 두고 내려오지 못하는

쭈그러진 자궁 하나

지독한 바람의 울음을 어떻게 감당할 것인가

마른 허공에 아픈 손 뻗어보는

폐경閉經,

그 사이

슬픈 새벽강

늙은 나룻배 한 척
달달 떠는 달 하나 싣고
밤새 삐그덕거렸다

무수한 비늘이 치켜세운
지독한 그리움
날카로운 칭끝이 되어
그 달을 사정없이 찌르고

그 밤
그 달은
하얗게 죽어서
새벽강 깊이 떠내려갔다

향일암 오르며

점심을 거르고
난전서 파는 갓김치 맛보다가
물 한 사발 마시고
보이지 않고 들리지도 않는
거룩한 그대가 계신다는
그곳을 오릅니다

가파른 돌계단
허공과 분별할 수 없어서
절벽을 짚고 나뭇가지를 붙잡아도
발바닥은 자꾸 허공으로 내딛고
헐거워진 무릎은 휘청거립니다

얼마나 남았습니까
아직 한참 더 가야 합니다

낯선 시선과 주고받은 화답은

돌계단을 통통 튀어 오르는데
허기로 주저앉은 몸
머리 숙여 합장하고 묻습니다

식은 개떡 한쪽이라도 내주시는
그런 길은 없습니까
다른 길은 없습니까

너처럼 나도 간다

너의 수천수만의 발걸음이
나에겐 한걸음이라는 것 외에는
다른 것이 없다
가로막힌 돌을 넘는 것이 하루를 사는 일이며
더러 이 길이 끝이 아닌가
가끔 불안해지는 것도 마찬가지다
한 치 앞을 모르는 두려운 하룻길을

너처럼 나도 간다

가끔 꽃밭을 지나다가
향기에 취해서 가던 길을 버리고
종일토록 해찰도 하지만
저녁이면 고단해진 하루치를 물고
비틀거리고 휘청거리며
마른 모래 둥지를 찾아가는

너처럼 나도 간다

어두운 길 더듬거리며
혼자서 가는
개미야

늙은 저녁

늙은 저녁 한 마리 웅크리고 있네

한때 새끼들을 껴안았던
가슴의 온기 가만히 기억하며
그리움이 피어오르는 찻잔을 놓고
식어가는 어둠을 데우고 있네

갓 태어난 아가의 첫 울음소리 같은
그 새벽 미명의 빛을 찾아가려고
무뎌진 기호와 낡은 언어 푸른 날을 세우고
단단한 시간을 파헤치고 있네

데워지지 않는 어둠
부스러지지 않는 시간

늙은 저녁 한 마리 시뻘건 도끼눈을 뜨고 있네

낙엽

길을 잃어도
두렵지 않다

밟히고 밟혀도
서럽지 않다

부서지고 부서져도
분하지 않다

바스락
바스락
바스락
입정삼매入定三昧에 드는 소리

억새밭

답답한 날은
서늘한 강둑으로 가서 억새밭을 바라본다

그해 겨울 강둑에서
떠나는 너를 바라보며
너 없는 이곳에서 어떻게 사느냐
그 말 끝내 못하고
하루 종일 울컥거리는 눈물 참으며
하얀 억새밭을 헤집고 다녔다

억새들이
죽을힘 다해 새끼들 키워내는
무성한 여름이 되면
내가 먼저 너를 잊고 살겠다고
꺾어진 몸을 일으켜 세우며 다짐도 했다

그러나 억새들은

찬바람 속에서 제 몸 가누지 못하고
흔들리고 삭아가는 밭을 보이며
뒤 한번 돌아보지 않고 가던
그 강둑
열네 살 너의 왜소한 등만 보여주었다

언제 어느 때나
아무리 소리쳐도 달려올 것 없는
견딜 수 없이 사무치게 흔들리는
하얀 밭만 보여주고 있다

소설小雪

왕의 배를 잘못 저었다고
억울하게 죽은
손돌 혼

해마다 小雪이면
칼바람을 데리고 와서
강물을 다그쳐도

독한 여울목 물살
그날 지은 무거운 죄
끝내 실토하지 않고

허리가 휘고 목이 부러지도록
죄 없는 나무들이
벌을 받고 있네

우는 손

호박 한 포기
온몸이 손이 되어
전선줄 붙잡고 푸른 길 가다가
길을 놓쳤다

놓친 길 잡으려고
손가락 찢어지게 뻗으며
허공을 휘저으며 운다

날마다 그냥 지나치던 구름들
오늘 저녁엔 따스한 노을이 되어
그 우는 손을 포근히 안아주고 간다

줄기에 맺힌 어린 열매
감고 있던 눈 푸릇하게 뜨고 있다

그 말은

너무나 그립다는 말은
시간의 푸른 생채기
아물지 못하도록
끝없이 덧내는 말이다

지독하게 보고 싶다는 말은
시간의 아문 딱지
다시 피가 나도록
사정없이 뜯어내는 말이다

제4부

삼월의 눈

두고 간 아이를 데려가려
되돌아온 어미처럼 눈이 온다

웃풍도 서성거리다 하얀 냄새를 데리고
슬쩍 방으로 들어온다

아이를 안으려고 업으려고
휘몰아치다가 소용돌이치다가

끝내 혼자 가는 어미처럼
눈물만 남기고 사라진다

어여쁜 봄날

꽃 핀 첫날
전봇대 밑에서
뜨거워 발을 구르며
샛노란 얼굴을
부르르 털어대는
민들레

오줌 갈기고
미안해서
죽기 살기 도망치며
흰 꼬리 살랑살랑
흔들어대는
강아지

아카시아 꽃잎을 따라서

바람에 소용돌이치며
하얀 아카시아 꽃잎이 쏟아지네
흩어지며
서로 섞이다가
다시 어디론가 가고 있네

베트남에서 시집온 인니
따라왔다는 열입곱 살 하잉
돈을 벌면 어디서 살고 싶을까
일자리 찾았다 웃으며 가고 있네

얇은 흰 치마 날리는 바람 속으로
아카시아 꽃잎을 따라서

섬진강변에서

해거름 영산홍 꽃밭에서
꽃들이 함초롬히 입술을 마주대고
소곤거리는 소리를 듣고 있다

아 언젠가 이 꽃밭 속에서
여물지 못하는 꽃씨를 끌어안고
왈칵왈칵 눈물을 쏟아본 듯하다

아니다 모래강변 이쯤에 서서
푸른 바람으로 멀리 떠나는 사랑을 위해
절절한 노래 목이 쉬도록 불러본 듯하다

그때도, 강물은 한 덩어리 노을을
고요히 싣고 와서
저렇듯 뜨거운 살빛으로 뒤척이다
그렁그렁한 눈으로 뒤돌아선 듯하다

붉어서 슬펐던 어느 저녁 자락이
어둑어둑 강변을 덮고 있는데

어디서 날아 왔는지
붉은 새 한 마리 휙, 나를 스치고
강을 건너 멀리 날아간다

꽃무늬 의자

의자에 앉았다 일어나
오래 짓눌리고도 꼿꼿한 꽃을 보네

세상의 꽃들이 피었다가 지면서
부질없고 덧없음을 알게 되는 동안

꽃은 의자를 내려오지 않았네
의자도 꽃을 내려놓지 않았네

푸르게 달아올라 뜨겁던 그날
내 안 깊숙이 박힌 순결한 무늬 하나

쏟아지는 햇살 앞에 내세우지 못하고
서늘한 달빛 아래 찬 돌로 구르는데

꽃은, 무늬로 진정한 꽃이네
흔들림 없이 눈부시고 뜨거운 꽃이네

의자는, 나비 한 마리 살포시 앉았다 가기를
생목숨을 다해 기다리네

맨드라미

막내 이모
수틀 안에 피어있던 맨드라미가
아파트 화단에 와 있다
반가워 얼른 손을 내밀어본다
이십 년 전 병들어 죽은 이모

초등학교 나오고도 한글 다 몰라
아홉 살 더 어린 내게 연애편지 써달라던
이모는 밤낮없이 수틀만 끼고 살았다
하루에도 수없이 꽃을 피우고
새들과 나비 훨훨 날게 하는
하얀 옥양목 화단을 가꾸며 살았다

둥근 수틀 안에서
이파리들 파릇파릇 돋아 오르면
골무 낀 이모의 곤지 손가락 끝에서
천천히 핏물로 배어 오르던

맨드라미,
올 가을엔 집 앞 화단에 와서
아픈 몸 간신히 추스리며 웃고 있다

이모 거기서도 수놓고 있어?

할슈타트의 오후

눈 시리도록 아름다운 호숫가
새들은 꽃가루처럼 날아들고
절벽 산 층층이 붙은 나무집들
오색 꽃들이 흘러내린 테라스마다
민박촌 ZIMMER 깃발들은
실크 속옷처럼 하늘거린다
물감 채 마르지 않는 수채화 같은 꽃마을
소금 상점에는 푸니쿨라를 타고
소금광산 다녀온 여행자들은
나비처럼 들락거린다

크리스탈빛 소금 병을 내밀며
먹어도 되냐고 묻자
주인은 내 말이 생소하지 않은 듯 환하게 웃는다
진열된 소금 병들은
은하수가 뿌려진 별무리들 같다

나는 오래된 노천카페 의자에 기대어 앉아
천 년 전 소금광산 굉음소리를 찾아와서
귀를 버린 광부의 슬픈 영혼처럼
어느 소리도 들리지 않아
일어나지 못하고 있다

나의 별아

새벽 세 시
봉정암에서 소청봉을 오르며
나의 별을 찾고 있다
억만 개로 쏟아지며 빛나는
저 별들 사이에
나의 별아
어디에 있느냐
무광無光으로 떠다니다
아직 한번 만나지 못한
나의 별아
백팔 배 공양을 드리고
아픈 다리 절뚝거리며
캄캄한 어둠을 걸어가는
시린 가슴속으로
일초의 짧은 빛이라도
보내다오
여기는 선경이란다

깃털구름도 참선에 든다는

높고 높으신 곳

춘자

아버지
죄송합니다
오래 잘 살길 바라며 지어주신 이름
서른아홉 해 되는 어느 날
고양이 제 밥그릇 아래 제 똥 파묻어 놓고
아무렇지 않게 살듯
그렇게 묻고 살았습니다

자식 넷이 핏덩이로 죽어서
한이 되어 지으셨다는 이름
감기도 안 걸리는 튼튼한
옆집 춘자 이름 그대로 따라지어서
큰춘자 작은춘자, 놀림도 무성했던 이름
아버지에게 허락도 받지 않고
나이 육십이 넘어서는
법원서 개명 판결을 받고 지웠습니다

추운 날은 솜이불 싸서 업고 등하교시키고
비 오는 날은 복도에서 우산 들고 계셨던 아버지가
언제 어디서든 부르면 뛰어갔던 이름을
세상에서 싹 지웠습니다

북어포 하나 소주 한 병 놓고
흰 종이에 써서 바치는 이름
이윤경,
아버지가 부르시지 못하는 이름
소지로 올리려다 허리춤쯤 묻어두고 갑니다

정말 죄송합니다, 아버지
마음 상하시더라도
하늘 맑은 날은 꺼내 불러봐 주세요

강가에서

여기까지 왔습니다

나의 물살은 앞서가는 것을 따라가려다
너무 많은 것을 외면하며 왔습니다
강물은 울음을 참으며
제 속으로 키울 것은 다 키워냈는데
급하게 흘러온 나의 물살은
풀 한 포기도 키워내지 못했습니다

먼 기억의 그 강가에서
소리 없이 깊어지며 흘러가라고
나직하게 들려주신 말씀, 가슴속에 새겼으나
아물지 못한 상처들이
날마다 소란하게 소용돌이쳤습니다

거친 소리만 끌고 왔습니다
아 어디까지 흘러가야 맑고 깊은 눈으로

무엇을 품고 키워낼 수 있습니까
윤슬을 빛내며 반짝이겠습니까

언제쯤이면
저 강물처럼 살아갈 수 있습니까
왜 자꾸 이렇게 묻고 싶습니까

저녁구름으로 만난 우리는

꽃잎이 지는 저녁
지친 구름으로 우리는 만나
서로 다른 빛을 섞으며 흘러가지만
한줄기 빛 노을이 되는
그 저녁에 닿기엔 아직은 멀다

마주 선 발치 아래서
지난 상처의 아픈 흔적이 울고
서로 다독이는 위로의 말은
검은 서러움만 토하게 한다

한 줌 움켜쥐고 온 햇살로
시린 달빛 아래 가슴을 데워가며
서로의 아픈 이마를 짚어가며
그저 말없이 흘러가는 것이다

한줄기 빛 노을이 되기 위해

누군가 우리를 밟고 지나가더라도
상심하지 않으며 묵묵히
가야 할 길 손잡고 가야 한다

그 저녁에 닿으면
거기서부터 우리는
다시 살아야 할 뜨거운 날이 있나

□ 해설

고독은 눈부시게 아름답다

소종민(문학평론가)

위기와 삶의 형식

이탈리아 태생의 독일 가톨릭 신학자인 로마노 과르디니는 「삶의 나이—완성된 삶을 위하여」에서 이렇게 말하였다.

우리는 한 시기에서 다른 시기로 넘어가는 때 생겨나는 특별한 불안감을 '위기'라는 말로 지칭했습니다. 그것의 본질은 무엇입니까? 하나의 삶의 형상이 아직 삶을 지배하고 있지만, 그 속에서 살아야 할 삶이 그 의미를 다했을 때,

새로운 삶의 형식이 비집고 들어와 힘을 발휘하기 시작합니다. 삶에서 이행의 과정은 한 시기가 단번에 종결되고 다음 시기가 완전한 형태를 갖추어 바로 시작되는 식으로 진행되지는 않습니다.

새로운 시기는 삶에 대한 지배권을 차지하기 훨씬 전부터 이미 준비를 시작합니다. 마찬가지로 끝나가는 시기 역시 유효성을 잃어버린 뒤에도 상당 기간 자신의 형태를 유지하며 영향력을 발휘합니다.

다른 한편, 이행은 하나의 시기가 서서히 다른 시기로 변모해가는 방식으로 진행되는 것도 아닙니다. 두 시기는 각각 독자적 형상으로서 자기주장을 합니다. 그래서 새로운 시기는 이전 시기의 영역 속에 침범하여 스스로를 관철하려 하고, 그로 인해 긴장과 분규가 일어나는 것입니다. 우리는 이것을 위기라고 불렀습니다.

그의 말을 좀 길게 인용한 까닭은, 이윤경 시인의 두 번째 시집 『눈부신 고독』을 해설하는 데 있어 도움 될 단서들이 들어 있기 때문이다. 삶의 여러 국면에서 나타나는 '위기'는 끝나는 시기와 새로 시작되는 시기가 각각 '독자적 형상'으로 자기주장을 하고, 그로 인해 긴장과 분규가 일어난다는 과르디니의 설명은 이 시집을 읽는 데 퍽 유효하다.

이윤경 시인이 첫 번째 시집 『빈터』를 낸 지 벌써 11년이나 흘렀다. 그 11년은 시인에게 어떤 의미일까. '위기' 라는 낱말을 부정적으로만 받아들이지 않는다면, 이렇게 질문해 볼 수도 있겠다. 시인의 시력에 지난 11년은 어떤 '위기' 를 선사하였을까. 시집 『눈부신 고독』에는 과연 어떤 '삶의 형식' 이 새로이 자리 잡고 있을까.

시인에게 시는 언제나 갱신(更新)의 대상이자 고뇌의 원천이다. 모두 궁금해 할 '눈부신 고독' 의 의미를 풀어가기에 앞서, 시집 『빈터』로 잠깐 돌아가 보자.

첫 시집 『빈터』

시집 『빈터』는, '시인의 말' 을 인용하면, 시인에게 "삶의 용기와 희망"을 주었다. 첫 시집 서두에서 시인은 '이제 시를 앞세우고 길을 가려' 한다는 의지를 표명하였다. 『빈터』에서 시인은, 「편지 1」과 「눈 퍼붓던 밤」에 그려진 지극한 슬픔을 딛고, 「부드러운 돌」에서처럼 고통을 묵묵히 감내하면서 「냉이꽃」 「제비꽃」과 같이 작고 여린 것의 아픔에 귀 기울이는 모습을 보여주었다. 시인은 커다란 슬픔을 딛고 의지를 일으켜 삶을 조금씩 직조해나가며, 차분히 세상을 관망하는 자세를 곡진하게 표현하였다.

바쁜 걸음에 채이던 돌들
개미들이 비를 피하도록 앉아 있고
버려진 신발 한 짝 빗물을 가두며
어린 새의 마른 목을 적신다
산지사방 나뭇잎도 모여서
집 없는 벌레를 오래 잠들게 하며
바람도 여기서는 신이 나서
찌그러진 깡통을 자지러지게 웃겨본다

—「빈터」 부분

백석의 「모닥불」이 생각나고, 박용래의 「저녁눈」도 떠오르는 대목이다. 보잘것없고 쓸모없는 것들이 모여 웅성거리는 풍경이 애잔하다. 빈터는 아무것도 없는 곳이 아니라 삶이 지속되는 소란한 장소라는 통찰이 돋보이는 시다.

시집 해설에서 도종환 시인은 이렇게 말했다. "아프냐고 물을 필요도 없고, 힘드냐고 물을 필요도 없는 삶이 물같이 사는 삶이다. 아프고 힘든 삶까지 말없이 받아 안고 흐르는 것이 물이기 때문이다." 불처럼 들끓는 아픔을 가라앉히고, 강물처럼 묵묵히 흘러가기란 쉽지 않다. 불가피하게도 첫 시집에는 막연한 체념과 무심한 방관의 뉘앙스가 묻어 있었다.

그러나 두 번째 시집에서, 시인은 이렇게 고백한다.

먼 기억의 그 강가에서
소리 없이 깊어지며 흘러가라고
나직하게 들려주신 말씀, 가슴속에 새겼으나
아물지 못한 상처들이
날마다 소란하게 소용돌이쳤습니다

거친 소리만 끌고 왔습니다
아 어디까지 흘러가야 맑고 깊은 눈으로
무엇을 품고 키워낼 수 있습니까
윤슬을 빛내며 반짝이겠습니까

—「강가에서」 부분

겸허한 자기 성찰이다. 이제 양태(樣態)는 막연한 것이 아니라 분주하고 선명하며, 위치(位置)는 거리를 두어 지켜보는 곳이 아니라 안으로 들어가 있다. 시인의 입지(立地)는 비껴 있지 않고, 바로 마주 서 있다. 이른바, 정면 승부하고 있다.

식물들의 비애

『눈부신 고독』을 펼쳐 끝까지 읽고 떠오른 첫 이미지는, 오래도록 풍화에 시달려, 검불이며 돌 부스러기, 매미 유충의 껍질이나 뱀의 허물, 시든 꽃잎 같은 것이 겹겹이 쌓인 채 삭아가는 고목이다.

시를 읽다보면, 우선 '시들어가는 꽃' (「분홍빛」), '속수무책으로 시꺼멓게 썩어갈 풋사과들' (「오래된 사과밭」), '늙은 나무' (「눈부신 고독」), '뿌리의 고통을 허옇게 드러낸 화분' (「바닥의 말」), '하루하루 고달프게 서러워도 공손히 살아야 하는 칸나의 식구들' (「한 평」), '천천히 시들어가며 나를 기다렸을 그 꽃' (「그곳에 두고 온 꽃」)이 눈에 들어온다. 나무들과 꽃들이 피를 흘리며 통곡하고, 풀들은 찢겨나가 비명을 지르고 있다. 식물들이 몸을 비틀며 소리를 지른다.

아마도 시인은 여느 식물에서도 아픔을 보고 자신의 생을 비춰보고 있는 것이겠다. 가혹하다. 식물들이 삶의 고통을 감수하며 시들어간다. 식물들이 예사롭지 않다. 꺾으면 비명을 지르고, 손대면 눈물을 흘린다. 식물들이 육신(肉身)을 지녔다. 마치 상처 입은 동물, 예를 들어 화살 맞은 늑대나 다리 부러진 사슴, 어미 잃은 고양이를 닮았다. 아래 인용하는 시에서 식물은, 사람을 닮았다.

풋사과들이 땅바닥에 떨어져 있네
숨소리도 없이
제 가지를 바라보고 있네
햇살이 아무리 따사로워도
더 이상 익어갈 수 없는 풋사과들
누가 먹으려 하지도
가져가지도 않는다는 것을 알고
흙투성이 몸을 부끄러워하지도 않네
그러나 나는 왜 이리 하염없이 보고 있을까
내가 들을 수 없는 소리가
넌 뿌리 쪽에서 비어져 나오고
슬픈 사과의 울음소리가
잔가지 끝에서 내려오면
푸른 살점이 삭혀질 것인가
속수무책 시꺼멓게 썩어갈 풋사과들에게
나는 마음 몇 알 던지면서
자꾸 서성거리고 있네
아주 오래전 그와
저 풋사과처럼 주저앉아
막연히 가지들을 바라보던
사과나무 아래서

—「오래된 사과밭」 전문

땅바닥에 떨어진 풋사과를 지켜보는 '나'는 "먼 뿌리 쪽에서 비어져 나오"는 "사과의 울음소리"를 듣고, 그 곁을 서성거린다. 풋사과나 사과나무 그리고 사과밭은 '나'에게 오래 전 그 날을 불러일으키는 절대적인 사물이다. 이들을 만나기만 하면 '그'를 떠올릴 수밖에 없다. 의지를 벗어난 일이다. 어쩔 도리 없이 모든 사과는 '나'에게 슬픈 존재다.

'그'와 거닐던 사과밭은 여전하다. 떨어진 풋사과와 나도 여전하다. 그러나 '그'는 없다. 사실 '나'는 '풋사과'와 같다. 아니, '나'는 '풋사과'다. 부끄러움도 '그'가 있어야 가능한 것. 흙투성이가 된 '나'는 부끄러울 수 없다. 부끄러움보다 더 큰 그리움이 마음에 가득하기 때문에, 부끄러울 겨를이 없다. 마침내 오랜 울음이 가지를 타고 내려와 바닥에 닿을 때, 내 몸도 삭을 것이고, '푸른 살점' 같던 그리움도 끝날 것이다.

두 번째 형상

시집 『눈부신 고독』에는 그리움 앞에 오체투지(五體投地)하며 살아가는 이의 형상 또한 도처에 서성거린다. 상처 입은 그이의 몸이나 마음에 '검은 딱지' 가 앉고 그 딱지를 뜯어낸 자리에 '분홍' 이 돋는다.(「분홍빛」) '밤이면 … 몸이 아파' 운다.(「눈부신 고독」) 가을이 되면 '가로등 없는 거리에서 질척질척' 울기도 한다.(「환절기」) '마른 뼈대' 를 하고 날마다 피를 흘린다.(「공양」) '제 영혼을 찾아갈 수도 없는 또 한 마리의 가죽' (「오해」)인 '나' 는, '뽑아도 뽑아도 무성해지는' 잡초(「잡초」)와 같은 그리움과 연일 끝도 없이 싸우고 있다.

너무나 그립다는 말은
시간의 푸른 생채기
아물지 못하도록
끝없이 덧내는 말이다

지독하게 보고 싶다는 말은
시간의 아문 딱지
다시 피가 나도록
사정없이 뜯어내는 말이다

—「그 말은」 전문

그리움은 과연 아름다운가. 그리움과 평생 한 몸이 되어 사는 이에게, 도무지 그리움이 떼어지지 않는 이에게 그리움은 아름다울까. 그이에게 그리움이란, 없는 상대를 오래 오래 기다리는 것이고, 오지 않을 그 사람을 정처 없이 맞이하는 것이고, 오늘보다는 옛일에 자신을 묶어두는 것이다. 과연 아름다운가. 자학의 쾌감은 아닐까.

"너무나 그립다"와 "지독하게 보고 싶다"는 두 마디 말이 문제다. 이 말만 하지 않을 수 있으면, 이 말만 하지 않으면, 이 말을 하지 않게 되면, 다 해결된다. 잊을 수 있다. 하지만 그게 안 된다. 이미 그리움이 중독이나 충동 같은 것으로 변해 있어서, 그리움과 사람이 한 몸으로 묶여 있어서 도저히 풀 수가 없다. 매분매초 그리움에 휩싸여 있는 아니, 아예 그리움에 먹혀버린 사람이다. '그리움사람'이라고 불러도 모자라다. 광기(狂氣)마저 어릿거린다.

아름다운 광기

한(恨)이 깊디깊어 한계(限界)를 넘어가면, 사람이 미친다. '너무나 그립다'에서 더 문제되는 것은 '너무나'일 테고, '지독하게 보고 싶다'에서 더 문제되는 것은 '지독하게'일 터다. 헤아릴 수 없으므로 '너무나'인 것이고, 벗어날 수 없으니 '지독하게'인 것이다.

늙은 나룻배 한 척
달달 떠는 달 하나 싣고
밤새 삐그덕거렸다

무수한 비늘이 치켜세운
지독한 그리움
날카로운 창끝이 되어
그 달을 사정없이 찌르고

그 밤
그 달은
하얗게 죽어서
새벽강 깊이 떠내려갔다

—「슬픈 새벽강」 전문

높이 솟아 길을 밝히며 머리를 비춰주어야 할 '달' 이 깊은 밤에 끌려나와 살해되었다. '달' 은 강에 버려져 하얗게 떠내려가고 있다. 그리움과 싸움이 깊어지면 마음은 모질어지는 법. 시적 화자는 피살 장면을 감정의 동요 없이 상세하게 진술하고 있다. 마치 응당 달의 죽음은 피할 수 없거나 당연하다는 듯하다. 어쩌면, 시적 화자가 달을 죽였을 수도 있다. 마치 목격자인 것처럼 거짓 진술을 하는 것일 수도 있다. 얼핏 자책의 기미도 보인다.

그렇다면, 그는 왜 달을 찔렀을까. 진짜 찌른 것일까.

아니다. 모두 환영(幻影)이다. 착란(錯亂)에 의한 허위자백이다. 시의 첫 줄에서 이미 달과 시적 화자의 거리가 무너졌다. 시적 화자인 '나' 와 '달' 이 나룻배에 함께 타 있다. 달은 내 머리 위 하늘에 떠 있는 존재다. 떠 있어야만 '달' 은 내 그리움의 대상이 된다. 그런데, 그리움이 '너무나 지독하게' 오래되면 거리가 무너진다. 그리움은 욕망이 되고, 욕망은 충동이 되고, 충동은 착란과 환각을 낳는다. '나' 는 그리움의 거리를 잃고, 그리움의 먹이가 된다. '달' 을 옆에 앉히고 강 복판으로 데려가 '달' 을 살해하고 싶을 정도로 '나' 는 망가져 있다. 프란시스코 고야의 말처럼, 이성이 잠들면 괴물이 깨어난다.

우리는 인적 없는 강가에서 '그리움사람' 이 달을 살해하고 유기하는 장면을 숨죽여 지켜본다. 그런데, 왜 이리도 쓸쓸하고 외로운가. 사람 잔인하게도 왜 이리도 아름다운가. 시인은 피투성이 그리움을 그려낸다. 그리하여 어둡기 짝이 없는 이 시는 짙고 짙은 고독의 냄새를 뿜어댄다. 가슴 헤집는 해금 소리가 들리는 듯도 하다. '광기' 라는 것엔, 어쩌면 원래부터 '아름다움' 이란 게 배어 있는지도 모른다. '자유' 라는 냄새도 풍긴다. 모조리 열어젖힌다.

추어라 춤추어라
달빛 휘감아 한들한들 추어라
달의 여자 달맞이꽃아!
닫힌 몸을 열어 환하게 뜨거워지는 일
어찌 부끄러운 일이냐 죄짓는 일이냐

—「달맞이꽃」 부분

도저한 황홀경에 취하여 '뼛속까지 흘러드는 바람' 에도 '아슬아슬 매달려 파르르 떨' 면서도 '빈 몸을 두고 내려오지 못하는' 사람, '지독한 바람의 울음' 을 울면서도 '마른 허공에 아픈 손 뻗어보는' (「가을과 겨울 그 사이」), 너무도 지독한 그리움을 겪고 있는 한 사람이 있다.

그이가 이윤경 시인이다.

보살행으로서의 글쓰기

온통 그리움에 젖어 죽음 같은 어둠의 삶을 정면으로 관통하는 과정에서, 시인은 울분을 만나고, 광기에 휩싸이고, 원망의 눈물을 오래 흘려 온 것으로 보인다. 하지만 숱한 유혹과 좌절의 구렁을 온몸으로 헤쳐 온 시인은 어느날 문득, 실낱 같은 삶의 기미들, 알갱이 같은 빛 조각들, 예기

치 못했던 바람에 몸이 꿈틀하고 가슴이 움찔한다.

빈 몸들입니다

더 이상 비워낼 것이 없는

옆구리에 품고 있던 토실토실한 생의 자루

뚝뚝 분질러 내주고 바람 앞에 경문을 외우고 있습니다

피 한 방울의 흔적도 보이지 않는 깡마른 뼈대들

서로 부대끼고 비벼가며 부스러지는 꺼풀들

서걱서걱서걱서걱서걱서걱서걱서걱서걱서걱서걱서걱

저 마른 뼈대들이 성스러운 몸짓을 따라할 수 있다면

지상에서 하루하루 피 흘린 날들이 저렇게 누렇도록 순해져서

상처로 패인 기억의 살점들마저 부서지고 부서지면서

삭아가는 몸까지 공양으로 바칠 수 있습니까

비워낼 것이 없는 소리조차 공손한

늦가을, 옥수수 밭

—「공양」 전문

『눈부신 고독』은, 그렇게 한편으로, 고집멸도(苦集滅道), 아픔과 번뇌와 비움과 깨달음의 사성제(四聖諦) 시편이다. 기나긴 마음 수련의 열매들이 그득하다. 위의 시「공양」의 비움은 만해의「님의 침묵」과 불이(不二)하다. 서걱대는 소리만이 가득한, 어느 늦가을의 옥수수 밭은 모든 아픔과 번민들이 공손히 가라앉는 도량〔道場〕 자체다.

고뇌를 딛고 일어서려는 시인은 "속수무책 한나절/ 텅 빈 절을 혼자"(「속수무책 한나절」) 지키는 수련도 하고, 틀에서 헤어나려 애쓰다 문득 "틀은 벗어날 수 있는 것이 아니라/ 틀 속으로, 더 깊이 들어가/ 또 다른 틀이 되는 것"이라는 통찰을 얻어 "나의 중심 언저리/ 꽃 한 송이 힘겹게"(「틀」) 피워내는 성취에 이르기도 한다. 시인은 증언한다, "새벽 세 시/ 봉정암에서 소청봉을 오르며/ 나의 별을 찾고 있다"(「나의 별아」)고.

길을 잃어도
두렵지 않다

밟히고 밟혀도
서럽지 않다

부서지고 부서져도
분하지 않다

바스락
바스락
바스락
입정삼매立定三昧에 드는 소리

—「낙엽」 전문

정면 고투는, 어느덧 시심(詩心)을 단단한 겸허함으로 이끈다. 두려움과 서러움과 분함에 일체 휘둘리지 않고, 가만히 낙엽 지는 소리를 들으며 선정(禪定)에 든다. "소란 속에 적막이 있고 적막 속에 소란이 있다."(「적막 속에 소란」) 마음 가는 대로 듣고, 마음 여는 대로 닫는다. 시인은 여리고 서러운 존재에 마음을 열고 손을 내민다. "날마다 그냥 지나치던 구름들/ 오늘 저녁엔 따스한 노을이 되어/ 그 우는 손을 포근히 안아주고 간다"(「우는 손」). 마침내 시인은 오롯이 홀로 서 있다. 관음(觀音)의 손길은 저절로 아픈 이에게 닿는다.

"초등학교 나오고도 한글 다 몰라/ 아홉 살 더 어린 내게 연애편지 써달라던/ 이모"(「맨드라미」), "두고 간 아이를 데려가려/ 되돌아온 어미 … 끝내 혼자 가는 어미"(「삼월의 눈」), "뒤 한번 돌아보지 않고 가던/ 그 강둑/ 열네 살 너의 왜소한 등"(「억새밭」), "아우슈비츠 수용소에서 보았던 … 돌아올 수 없는 목숨"(「기다리는 가방들」), "부부싸움하고 집 나가는 남자 발길질에/ 어린 딸 허리가 부러졌어도 한마디 말 못하"는 식구들(「한 평」), "안 아픈 곳이 없다,/ 갈 곳은 딱 한 곳"이라는 어머니(「약」)에 이르기까지, 시인은 아프고 상처받은 이들을 호명하여 그리움의 마당으로 소환한다.

시인의 소망은 이들의 이름을 읊조려 기억을 불러일으키고 이들과 오래, 함께 살아가는 것이다. 그렇게 시인의 글쓰기는 아픈 이들에게 자리를 내고 마음을 주는 보살행과 다르지 않다.

순정하고 호쾌하게

결국 『눈부신 고독』은 시인이 생의 시련으로 흔들려 온 자기 본성을 튼튼하게 붙드는 과업의 중간 결산이다. "견딜 수 없는 외로움을 견딘 만큼/ 서러움의 그늘은 넓어지고 무거워졌다"(「눈부신 고독」)는 자기 고백과, "미안하다 / 너를 너무 오래 가두고/ 무성한 잎과 화려한 꽃만 재촉하며 살았"(「바닥의 말」)다는 자기 연민이 참으로 곡진하다. 시간의 흐름 안에서 우리들은 반복하는 삶을 산다. 흔들리면서 조금씩 한 걸음 더 나아가고, 눈을 더 밝게 하고, 마음을 더 순정(順正)히 두는 것, 그것이 시인의 과제이자 우리들의 과제다.

모두가 간다
가랑잎, 구름, 빗방울, 바람, 노인, 올 것이 다 왔다가
갈 것이 다 가고 있다

어딘가 가야 할 내 몸도 창가에서 멀어지고
허공 속으로 가는 새들도 가물가물하다

여기저기 쓸쓸함을 챙겨 지고
한 풍경이 적멸한다

—「떠나는 풍경」 부분

한 시절이 끝나고 또 새 시절이 온다. 어머니가 애써 거름을 챙기시던 시절이 가고 이제 어머니는 "하얀 좌변기에 거름을 버리"신다. "담장 밑 호박꽃 오이꽃이 사라"졌다.(「어머니의 거름」) 그러나 시인은 어머니의 기다림을 잊지 않는다. "언제 오느냐 묻고 묻고 묻고 기다리다 달이 가고 해가 가고 온 생이 기다림"(「엄마의 기다림)이었던 어머니에게서 기다림 또는 그리움의 원래 모습을 본다.

아버지가 지어준 이름을 쓰던 시절도 지나갔다. 지금은 새로 지은 이름을 쓰고 있다. "북어포 하나 소주 한 병 놓고/ 흰 종이에 써서 바치는 이름/ 이윤경,/ 아버지가 부르시지 못하는 이름/ 소지로 올리려다 허리춤쯤 묻어두고 갑니다"(「춘자」)하고 아버지께 송구한 마음을 전하는 눈에 물기가 그득하지만 시인은 지난 시절을 툭툭 털어내고 있다.

아래 시는 이 시집 가운데 가장 호쾌(豪快)하다. 맑고 시원한 기운이 감돈다.

나는 갑오년 양력 오월 생이다
어릴 때부터 녹색을 유난히 좋아했고
싱그러운 들녘 그림을 많이 그렸다

들판을 보면 한없이 내달리고 싶어졌고
그 어디서 휘파람 소리가 들리면
누군가 나를 부르는 소리로 들렸다

가끔 꿈속에서
드넓은 요동 벌판 같은 곳을 내달리고
빗발치는 화살을 피하다가
피 흘리며 땅에 떨어진 전사들의 몸을 보고
몸서리치기도 했다

나는 하루종일 여기저기 휘돌아다니며
햇빛 바람 나무 꽃 돌 풀들을 만나고
새소리 물소리를 많이 듣고 온 날은
푸근히 깊은 잠을 잤다

아마도
등에 있는 푸른 점 하나는
어느 전생 청마(靑馬)의 흔적일 것이다

—「푸른 점 하나」 전문

전생의 기억일까. 아니면 현생의 의지일까. 둘 다여도 좋고 둘 다 아니어도 좋다. 어떻든 심신이 가장 편하고 좋은

때는 세상을 맘껏 휘돌아다니고 무작정 산천을 내달리고 벗들도 숱하게 만나고 아름다운 것을 많이 보고 듣는 때 아닌가. 그런 날은 잠도 좋다. 그래서 이 시는 시인의 호방한 실존선언으로 읽힌다. 파란 하늘빛을 닮고 푸른 들판을 닮았다. 그 복판에 자유인이 서 있다. 꿋꿋한 자기애와 순결한 세계애로 이루어진 자연의 후손이다. 이 시로써 우리는 앞으로 이 시인이 쓸 시가 어떨지 감히 짐작된다. 장담컨대, 시인은 더욱 호쾌하고 순정한 시로써 서럽고 여리고 상처받은 가슴들을 한껏 적시고 오래 어루만질 것이다. 이것이 바로, 새롭게 시인이 장만한 '삶의 형식' 이다.

애 지 시 선

002 붉디 붉은 호랑이 장석주 시집
003 붉은 사하라 김수우 시집
004 자전거 도둑 신현정 시집
005 정비공장 장미꽃 엄재국 시집
006 기차를 놓치다 손세실리아 시집
007 바람의 목례 김수열 시집
008 그리운 연어 박이화 시집
009 뜨거운 발 함순례 시집
010 정오의 순례 이기철 시집
011 그 남자의 손 정낙추 시집
012 즐거운 세탁 박영희 시집
013 구룡포로 간다 권선희 시집
014 좋은 날에 우는 사람 조재도 시집
015 여수의 잠 김열 시집
016 축제 김해자 시집
017 뜻밖에 박제영 시집
018 꽃들이 딸꾹 신정민 시집
019 안개부족 박미라 시집
020 아배 생각 안상학 시집
021 검은 꽃밭 윤은경 시집
022 숲에 들다 박두규 시집
023 물가죽 북 문신 시집
024 마늘 촛불 복효근 시집
025 어처구니 사랑 조동례 시집
026 소주 한 잔 차승호 시집
027 기찬 날 표성배 시집
028 물집 정군칠 시집
029 간절한 문장 서영식 시집
030 고장 난 아침 박남희 시집
031 하루만 더 고증식 시집
032 몸꽃 이종암 시집
033 허공에 지은 집 권정우 시집
034 수작 김나영 시집
035 나는 열 개의 눈동자를 가졌다 손병걸 시집
036 별을 의심하다 오인태 시집